AF248133

LES PLAIES SOCIALES

I.

L'IDÉE DE DIEU

PAR

Emile COURET

PRIX : 15 centimes

DÉPOTS A PARIS

Chez l'Auteur : 4, rue de Saintonge
Chez M. Kubler, 10, rue de Saintonge.

PARIS.

L. et A. Cresson Frères
IMPRIMEURS-ÉDITEURS
5, rue Chapon
1895

LES PLAIES SOCIALES

I.

L'IDÉE DE DIEU

PAR

Emile COURET

PRIX : 15 centimes

DÉPOTS A PARIS

Chez l'Auteur: 4, rue de Saintonge
Chez M. Kubler, 10, rue de Saintonge.

PARIS.

L. et A. Cresson Frères
IMPRIMEURS-ÉDITEURS
5, rue Chapon
1895

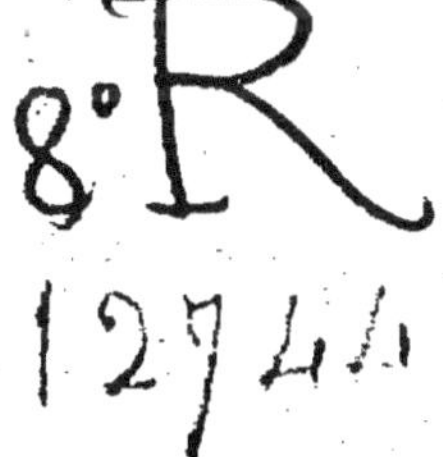

A l'heure où toutes les réactions se donnent la main pour étouffer à jamais l'esprit de Liberté; pour remettre sous la domination de la Force et de la Foi — son gendarme — les penseurs et les philosophes, il est peut-être bon que des pages dans le genre de celles-ci soient publiées.

A tous ceux qui pensent comme nous de nous aider à les propager, à les mettre entre les mains du plus grand nombre possible de citoyens.

Chaque individu a une force considérable, et de son emploi peut résulter un grand bien.

E. C.

L'IDÉE DE DIEU

———

Dieu n'est nulle part, et, s'il
existe, il ne peut être que
la Science même.
DE GREEF.

I.

La conquête définitive du Ciel a été l'une des plus grandes du dix-neuvième siècle.

On a délogé Dieu du firmament, où le faisaient trôner, au milieu d'une cour, les théologiens et les philosophes. L'astronomie a fouillé les espaces les plus lointains, et, de même que le scalpel a pu sonder le corps, sans trouver l'âme, le télescope n'a pas rencontré Dieu.

Les savants ont des explications pour tout — ou peu s'en faut. — La *Création* n'a plus de secrets, et le grand horloger de l'Univers, sous sa dernière forme, le dieu des chrétiens, est allé rejoindre Jupiter ou Teutatès ; la matière a été reconnue immortelle, infinie, indissolublement unie à la force : *pas de matière sans force ; pas de force sans matière ;* la cause première a été écartée ; l'intervention d'un agent créateur a été détruite ; et alors sont tombés tous les arguments étayés de mots sonores et vides de sens des déistes.

On n'ose plus guère avancer, aujourd'hui, que l'existence de Dieu se démontre par trois sortes de preuves : métaphysiques, physiques et morales.

On n'enseigne plus que dans les collèges, lycées et séminaires, qu'un premier être est nécessaire ; qu'il y a une cause absolue, et que cette cause est Dieu ; que la matière ne peut exister par elle-même, ni se mouvoir sans une force placée en dehors d'elle ; que tous les peuples croient en Dieu.

Il est trop facile de répondre que les êtres (minéraux, végétaux, animaux) ne sont pas contingents ; que la cause de leur existence n'a pas été créée, mais a été et sera de tout temps ; que la propre force de la matière suffit à assurer son développement, son mouvement ; et que Cicéron se trompait lorsqu'il écrivait que le consentement unanime de tous les peuples attestait l'existence d'un Dieu : *Nulla est gens tam fera, tam immansueta, quæ etsi ignoret qualem deum habere debeat, tamen habendum non sciat.*

Il est établi, en effet « que de nombreuses races « ont existé et existent encore sans avoir la moindre « idée d'un ou de plusieurs dieux, sans même pos- « séder, dans leurs langages, des mots pour exprimer « cette idée [1]. »

---

(1) Darwin, *Descent of man*, p. 93.

Le père Baegert rapporte que les Indiens de la Californie ignorent complètement les idoles, les temples, les pratiques d'un culte ; qu'ils ne croient pas au seul et vrai Dieu, et qu'ils n'en ont même jamais adoré de faux [1].

Et ce missionnaire a vécu dix-sept ans au milieu des sauvages dont il parle !

Les mêmes constatations ont été faites au Brésil, le long du cours de l'Amazone, dans l'Amérique du Sud, en Afrique centrale et australe. Il serait donc insensé de dire que l'idée de Dieu est une idée innée et universelle.

Nous n'insisterons pas sur le plan — le fameux plan ! — de la création, qui n'a de réalité que dans le cerveau des théologiens, attendu que tout, dans la nature, est le résultat d'un « travail long, successif, graduel, et non prémédité [2] » ; sur la théorie de la finalité. Nous nous bornerons à affirmer que si Dieu existait, il posséderait toutes les qualités, toutes les puissances ; qu'il ne saurait avoir fait des imperfections ; laissé naître le mal physique ; et que l'on ne peut concilier le vice triomphant et la vertu malheureuse, alors qu'il eût été si simple, pour le Créateur, de décider que tous les hommes seraient, à son image, bons et parfaits, sans sujétion à la misère intellectuelle ou matérielle, comme sans dépendance d'un libre arbitre exposé à toutes les erreurs.

(1) Büchner, *Force et Matière*, p. 403.
(2) Büchner, *Force et Matière*, p. 223.

De deux choses l'une :

Ou Dieu existe, et comme, alors, il est parfait, il ne peut concevoir, vouloir et réaliser que des œuvres en conformité avec lui, c'est-à-dire parfaites. Dans ce cas, l'Univers ne saurait être son œuvre !

Ou bien Dieu est fini dans ses perfections — ce qui revient à dire qu'il n'est pas, et qu'on ne peut se le représenter que comme moyen d'oppression, que comme artifice des puissants de notre planète, en dehors de toute vie réelle.

L'idée de Dieu est donc une idée mauvaise, et c'est à ce titre que nous la combattons.

II.

Dans la croyance en Dieu, l'autorité sacerdotale, guerrière, civile, a trouvé son meilleur appui, son plus ferme soutien.

C'est au nom de Dieu que les abus de pouvoir les plus monstrueux et les plus crimininels ont été perpétrés ; que les rois ont établi leur puissance sur les peuples, et que les papes ont tenu longtemps, sous leur dépendance, les rois et les empereurs qu'ils faisaient et défaisaient, sans autre règle que les intérêts du Saint-Siège ; c'est encore au nom de Dieu que les catholiques, de nos jours, veulent ressaisir le gouvernement du monde !

Dieu sert à justifier les ambitions, les palinodies, les mensonges intéressés, le besoin d'accaparer hypocritement la propriété et le pouvoir qui la réglemente, qui la sauvegarde, et qui permet de l'augmenter, à loisir, au bénéfice d'un petit nombre de privilégiés, au détriment de la masse.

Si les hommes ne s'étaient trouvés qu'en présence d'autres hommes ; s'ils n'avaient point pensé que l'autorité vient de Dieu, est-il permis de supposer qu'ils auraient été assez déments pour laisser s'accomplir le nombre incalculable de méfaits que les gouvernants ont commis ?

Rois et ministres, princes et hommes d'Etat, dirigeants, en un mot, savent bien ce qu'ils font quand ils soutiennent le prêtre dans sa diffusion de l'idée de Dieu, l'outil le plus merveilleux qu'il existe pour briser l'énergie du dirigé, anéantir son esprit d'initiative, et le livrer, sans possibilité de révolte, à la merci de ceux dont l'intérêt est de l'exploiter.

Comment la résignation et la soumission pourraient-elles disparaître, lorsqu'il se trouve des écrivains comme Bossuet pour professer *ex cathedrâ*, avec toute l'autorité dont la Royauté les a revêtus, avec tout le prestige de leur immense talent : que la puissance et la faculté de gouverner les hommes ont été données aux princes par Dieu ; que les autres hommes naissent tous sujets ; que l'autorité royale est sacrée ; que c'est là son caractère essentiel, ainsi que l'absolutisme [1].

---

[1] A cette affirmation de Bossuet, combien utile d'opposer cette phrase de Grégoire VII :

« Qui ne sait que les rois et les ducs ont pris commencement, parce » que, ignorant Dieu, à force de rapines, de perfidies, d'homicides,

Mais, si nous avons le devoir de détester de telles doctrines, combien plus nous devons exécrer ceux qui les acceptent et les reconnaissent comme légitimes, qui s'y soumettent et qui se refusent à toutes tentatives de nature à les délivrer d'un joug à ce point humiliant et pénible !

Par la suppression ou — au moins — l'atténuation des passions, l'idée de Dieu ne produit pas de moins déplorables résultats que ceux que nous venons de constater.

En créant des vertus et des vices, en se permettant de sérier, de classer les actes humains, en louant ceux-ci, et en blâmant ceux-là, les déistes sont arrivés à paralyser les manifestations de la pensée, à châtrer les individus et à composer le monde de personnalités sans ressort et sans individualité propre.

Le désir de bien, de mieux faire, a été taxé d'ambition ; l'altruisme est devenu l'égoïsme le plus raffiné ; l'amour a été parqué dans des limites d'où il lui est interdit de sortir sous peine de tomber dans ce qu'on est convenu d'appeler la débauche ou le crime.

De liberté, il n'en existe plus !

Quant à la matière, elle a été abaissée et diminuée. On lui a refusé toute valeur pour accorder du prix

---

» par tous les crimes, enfin, sous l'inspiration du diable, prince du
» monde, ils ont osé, dans leur aveugle passion, et leur intolérable
» orgueil, s'établir en maîtres, sur les hommes créés leurs égaux ! »
Le pape Grégoire VII était en révolte contre les princes.
Bossuet leur devait son élévation à l'épiscopat, sa fortune.
Ce qui prouve bien que les hommes d'Église se prononcent toujours
d'après leur intérêt.

uniquement à l'esprit, et des hommes en vinrent à ce point de mépris pour leur propre corps qu'ils se macéraient, se flagellaient, se tourmentaient. Le célibat et la virginité furent exaltés — états si contraires, cependant, à la nature !

« Qui veut faire l'ange, fait la bête ! »

Pascal a raison, et la continence, la privation de la chair, amena ces malheureuses victimes du mysticisme à tomber dans la bestialité, à perpétuer Sodome et Gomorrhe.

De la subtile distinction du Bien et du Mal — et combien de fois ne dénature-t-on pas les paroles ou les faits des hommes ! — est née la Morale, avec son triple caractère : individuel, social, religieux !

La Morale ! Mot qu'on ne peut définir, mais qui pèse lourdement sur toutes nos actions, entrave nos relations les plus chères, met obstacle au progrès et au développement de notre « moi, » « moi » qui vaut bien la peine qu'on le compte, puisqu'il constitue notre vie.

Il ne suffisait pas d'agir pour le plaisir, alors que cela eût été si facile à établir !

On a créé le devoir.

La loi d'amour a dû faire place à la loi de crainte, et si l'on a admis que l'homme avait un motif autre de ses actes : l'intérêt, on ne l'a fait que parce que ce motif est tellement inhérent à la nature humaine qu'on ne pouvait le supprimer, sans arrêter net la vie elle-même.

La Morale, sans sanction, c'est-à-dire sans système de peines et de récompenses attaché à l'observation ou à la violation de la loi ; sans obligation, c'est-à-dire sans contrainte corporelle (prison, ou amende, ou déconsidération), les déistes ne veulent pas la comprendre.

Il leur faut une vie terrestre dans laquelle on est puni ou récompensé, et une vie extra-terrestre dans laquelle ils s'imaginent que leurs étroites et mesquines combinaisons sauveront l'Humanité !

Antisthènes (500 ans avant notre ère) désirait que l'homme suivît les seules lois de la Nature et s'y conformât.

Vingt-cinq siècles ont passé sur ce sage conseil, et nous en sommes encore à disserter sur le point de savoir si Dieu ne doit pas régler notre existence dans ses moindres détails, sans nous soucier aucunement de ce qu'exigent notre nature et les besoins y attachés !

En Morale, l'idée de Dieu est souveraine maîtresse ; conséquence : [le mensonge, la lâcheté, l'hypocrisie, sans oublier les souffrances et des scrupuleux et des victimes des adeptes de la foi religieuse.

La Science elle-même, cette déesse devant laquelle tout devrait s'incliner ; la Science qui a pour bases l'observation des faits, l'expérimentation ; la Science qui ne saurait se tromper, est en butte, elle aussi, au mauvais vouloir, aux récriminations, aux prohibitions des religieux de n'importe quel acabit.

« La Nature, disent-ils, est la création de Dieu. Ce
» que vous découvrirez en contradiction avec cette
» donnée est faux, *a priori*, sans qu'il y ait lieu de
» l'examiner, encore moins d'en tenir compte. Il vous
» faudrait avoir bien de l'audace pour venir, au nom
» de vos faibles lumières, vous mettre en travers de
» ce qu'ont décrété, dans leur providentielle clair-
» voyance, et dans leur merveilleux savoir, nos
» Pontifes, nos Pères, nos Conciles !

« Nous avons été obligés, ajoutent-ils, de revenir
» sur bien des erreurs ; de reconnaitre que la terre
» tourne ; que les corps s'attirent et se soutiennent
» par la loi d'attraction, contrairement à notre théorie
» qui veut que Dieu préside au mouvement des corps ;
» que Josué n'a pu arrêter le soleil, attendu que ce
» dernier est immobile au centre de notre système ;
» qu'un mort ne saurait ressusciter ; que les miracles
» ont leur explication — quand ils n'en ont pas plu-
» sieurs ! — dans la Nature ! Nous avons pu nous
» tirer de ces difficultés, grâce à des mots habilement
» employés, des phrases équivoques ; mais n'allez pas
» plus loin ! Nous avons besoin de l'idée de Dieu pour
» conserver la direction du monde. Ne démontrez pas
» que ce Dieu, qui nous est utile, ne saurait exister ;
» que la matière vit et se meut par elle-même, sans
» intervention du dehors ; que l'âme n'est autre chose
» que le cerveau ; que les idées ne sont pas innées ;
» que l'on ne croit à l'être suprême qu'autant que
» l'existence de cet être a été enseignée. »

Il est heureux que si, pendant de longs siècles, un

tel langage a pu être écouté, il ne soit plus susceptible de l'être.

Les Cuvier, de plus, se font rares ; et les savants se révoltent à l'idée de laisser la lumière sous le boisseau légendaire.

Ils veulent, au contraire, qu'elle éclaire, le plus loin possible, tous les hommes ; et physiologistes, naturalistes, astronomes, médecins, rivalisent de zèle pour démolir le Dieu qui a courbé, sous l'autorité des seuls riches et des seuls dirigeants, des millions de millions d'êtres !

S'il est vrai, ainsi que le dit Origène, « que l'homme appète la science, comme l'estomac appète les aliments et la boisson », il n'est plus vrai, en dépit de saint Thomas que c'est Dieu qui a donné à l'homme l'appétit de la science.

On veut être savant parce qu'on veut être heureux ; que le bonheur réside dans l'éternel progrès ; et, alors, on n'étudie plus uniquement les livres du passé, fourmilière d'erreurs, de superstitions et d'impostures, mais les faits, source unique à laquelle on puisse puiser la vérité avec quelque profit.

Plus nous irons, et plus le nombre des savants augmentera. Et ces savants seront sincères ! Débarrassés de l'idée de Dieu, libres de toute attache et de toute soumission, ils enregistreront les explications des phénomènes naturels, sans aucun souci de savoir si ces phénomènes et ces explications sont — ou non — en concordan ceavec le plan divin.

Quels splendides résultats on atteindra !

Malgré la domination déiste, la science a réalisé des merveilles. Combien plus merveilleuses seront ses découvertes, quand, en toute liberté, elle pourra se livrer à ses recherches, et publier, franchement, sans crainte de la persécution, les conséquences de ses investigations.

Voudra-t-on faire croire que l'idée de Dieu a été civilisatrice !

A ceux qui nous diront cela, nous opposerons l'histoire.

Nous leur demanderons si ce n'est pas au nom de cette idée que, dans les Indes, des sacrifices humains innombrables ont été consommés ; que tous les peuples païens offraient, en holocauste, à leurs divinités les vaincus captifs ; que Rome immolait les barbares ; que ces barbares se détruisaient entre eux ; que Mahomet lança sur l'Europe et sur l'Afrique ses bandes de fanatiques ?

Nous leur demanderons si ce n'est pas également au nom de cette idée que les empereurs romains ont persécuté les chrétiens ; que ces chrétiens, maîtres du pouvoir, ont, à leur tour, persécuté les Manichéens, les Ariens, les Pélagiens, les Nestoriens, les Eutychéens ; qu'au temps des croisades, ils ont ensanglanté l'Europe, l'Afrique et l'Asie ; que, pendant le Moyen-Age — dont il faut toujours parler ! — ils se sont livrés à toutes les cruautés ; que, plus tard, ils ont massacré les Albigeois, les Vaudois et les Camisards, fait révoquer l'édit de Nantes ?

On a brûlé les bibliothèques, détruit les monuments, encouragé et pratiqué directement l'esclavage [1] légitimé la guerre.

« Les artistes religieux ont renouvelé l'art. En « sculpture, en peinture, en architecture, ils ont « accompli des prodiges. »

A cela, et sans diminuer le mérite des Raphaël, des Michel-Ange, des Titien, des Véronèse, des Léonard de Vinci, des Corrège, nous pouvons objecter que, en dehors des temples, des statues et des tableaux religieux, ils eussent pu, sans Dieu, et sans l'Église, trouver leurs inspirations nécessaires.

Penserait-on, par hasard, que quand les religions auront été emportées par la Science, il n'y aura plus d'art et plus d'artistes ?

Nous ne pouvons, décemment, supposer à nos adversaires une telle mauvaise foi.

De nos jours même, l'art se dégage du sentiment religieux, et nous ne voyons pas quelle infériorité il réalise sur l'art tel qu'on le concevait auparavant.

La matière aura plus de place dans la préoccupation des artistes.

Sans négliger la forme et ses beautés, ils n'abandonneront pas le côté utile et pratique de leurs œuvres, et l'art, de plus en plus, tendra « au mieux dans les

---

(1) En 1820, lors de l'expulsion des Jésuites de Russie, ces honnêtes religieux y possédaient vingt-deux mille serfs.

moyens employés par l'homme, pour la satisfaction de ses aspirations [1]. »

Nous n'y voyons, pour notre part, aucun inconvénient, et nous y trouvons, en outre, de nombreux avantages.

Battue en brèche un peu partout, perdant du terrain ici, en perdant là, l'idée religieuse, sous couleur de charité, s'est jetée entre le Capital et le Travail.

Nous ne croyons pas avoir à dire en faveur de qui son intervention se produit.

Elle veut, pour sauvegarder le reste du prestige de l'autorité, éviter les bagarres sanglantes qui, fatalement, infailliblement, sont sur le point de se produire.

La religion — juive, protestante, catholique — peu importe l'étiquette qui la couvre — a la volonté de servir de tampon, et d'éviter par une manœuvre habile, le choc épouvantable qui sera la conséquence, dans la très prochaine guerre sociale, de la rencontre des pauvres et des riches, des dirigés et des dirigeants.

Au nom de Dieu, elle a beau multiplier ses appels à la soumission, à cet avilissement qu'elle qualifie de résignation vertueuse : déjà ses paroles ne sont plus entendues !

Sur ce terrain, comme sur les autres, elle faiblit, et, à l'heure de la bataille, il faudra bien qu'elle se

____

[1] G. De La Salle, *Les Luttes stériles*, p. 14.

résigne, à son tour, à disparaître, entraînée dans la chute des puissants de la veille au service desquels elle a toujours été.

Elle peut clamer que les patrons, s'ils veulent rester à la tête de la fortune publique, doivent se montrer bons, bienveillants, généreux ; que les gouvernements, pour conserver le pouvoir, sont dans la nécessité de transiger avec les révoltés, et de consentir des abandons partiels de leurs privilèges et de leurs monopoles.

Les révoltés ferment l'oreille à ces mielleuses paroles.

Ils en ont assez : et de Dieu auquel il ne croient plus ; et de la religion dont ils été appelés à mépriser les ministres ; et des patrons qui les réduisent toujours à la misère — et qui ne peuvent, d'ailleurs, dans l'organisation actuelle, modifier leur tactique, sans tomber dans les rangs des misérables ; — et des gouvernements dont ils ont trop longtemps supporté les caprices !

L'idée de Dieu est dans l'impossibilité parfaite de modifier les sentiments des gens qui ne consentent plus à souffrir.

Le Ciel est vide. L'Enfer n'existe pas. La seule chose à craindre est la Mort.

La Mort ! N'est-elle pas préférable à la servitude et au dénûment qui suivent l'homme comme son ombre, dans tous les pas qu'il fait au cours de sa vie.

Le *potius mori quam fœdari !* des anciens est toujours en vigueur. Oui, plutôt disparaître de la terre que d'y végéter lamentablement ! Mais les anciens s'en allaient sans vengeance, par la crainte des dieux.

Pluton les attendait sur les rives du Styx; Minos, Eaque et Rhadamante les y devaient juger. Ces craintes puériles ont cessé. L'homme se rit, aujourd'hui, de ces terreurs. Aussi, lutte-t-il, et luttera-t-il davantage, avant de céder la place à ceux qui le dépouillent de son bien et de sa liberté.

Rabbins, pasteurs et prêtres, n'endigueront pas la colère du peuple contre les exploiteurs. Leurs foudres sont en zinc, et on les a rangées, depuis longtemps, parmi les accessoires des théâtres.

Voilà pourquoi, dans le clan des privilégiés, on en veut aux penseurs et aux philosophes qui ont abattu les croyances.

Ni la haine des uns, ni la persécution des autres, ne repeupleront l'Olympe.

Tant pis pour ceux qui possèdent et qui comptaient sur l'idée de Dieu pour refréner les désirs de bonheur de la « populace » ! Tant mieux pour cette « populace » !

Elle prendra plus facilement sa place sous le Soleil !

III.

« Dans quel abîme allez-vous nous faire tomber, si vous supprimez l'idée de Dieu ! » disent, de toutes parts, les hommes intéressés à ce que, contrairement à la parole de Christ, le maître soit plus que le disciple; à ce qu'il y ait des gens qui commandent — et que ces gens soient eux — et des gens qui obéissent.

Qu'on se rassure !

Quand l'idée de Dieu aura disparu sous les coups de la science, aucun abîme ne s'ouvrira sous nos pieds. Nouveau Prométhée, le monde n'aura pas à craindre d'être attaché à un rocher pour avoir dérobé le feu du ciel.

A ses débuts, l'Humanité a pu vivre sans Dieu. Elle pourra vivre encore sans lui, et se développer éternellement, dans la plénitude de l'indépendance et de l'esprit et de la raison.

Pour avoir supprimé un obstacle, ses progrès n'en seront que plus rapides, et nul ne regrettera d'avoir échappé à la tyrannie que les religions, au nom de Dieu, ont fait peser sur l'homme.

Les Juifs vivaient sous la domination sacerdotale, et la théocratie — chez eux — n'a amené que leur disparition du rang des peuples, et leur dispersion.

L'Irlande, — la catholique Irlande, — la Pologne, l'Espagne, — pays du moine et de l'Inquisition, — l'Italie, rongée par le cancer de la papauté, sont des exemples frappants de l'infériorité dans laquelle se trouvent placées les nations soumises au joug intolérant et compressif des prêtres.

L'Allemagne, au contraire, en échappant à l'ingérence catholique, en protestant contre Rome, en se faisant le champion de la raison contre l'abrutissement servile, s'est élevée et est devenue une force.

Lorsque la « Libre-Pensée », au sens scientifique du mot, y aura conquis définitivement droit de cité, elle marchera de liberté en liberté, et c'est à la culture et à l'expansion de la science seule qu'elle aura dû ces importants et bienfaisants résultats.

En reconnaissant un Dieu, en l'adorant, l'homme satisfait à l'absolu besoin de croire qui est en lui, qui fait partie de sa nature. Il lui faut un idéal qui le fasse vivre, qui lui en donne la volonté, et qui, le détournant de la stupidité de la vie matérielle uniquement, et des dégoûts qu'elle peut provoquer, lui permette de lutter pour le Progrès et pour ses semblables.

Nous ne voulons pas discuter ces propositions ; nous ne dirons pas que, dans la Société actuelle, ceux qui souffrent le plus sont ceux qui sacrifient le plus à leur idéal ; que les gens dont la seule préoccupation est de boire, de manger et de jouir physiquement échappent à tout ennui, à toute tristesse, et ne pensent jamais au suicide.

Vous désirez que l'homme garde une aspiration vers le Mieux, vers le plus Beau? Et ce Mieux, ce plus Beau, vous l'appelez Dieu !

Nous aussi, nous comprenons cette aspiration ; mais comme but, à la place de Dieu, être abstrait, inexistant, nous mettons l'amour de soi, l'amour des autres, l'Altruisme.

Il est de toute évidence, non pas que l'homme, sur la terre, a une mission à remplir, mais que, par le fait qu'il existe, il a le devoir de pénétrer les secrets de la Nature, moins pour arriver à la découverte de la Vérité qui, en soi, peut lui être indifférente, que pour être heureux, au triple point de vue de son ventre, de son cerveau et de son cœur!

Qu'on se dévoue ! Qu'on se sacrifie ! Qu'on fasse des efforts pour rendre heureux ses semblables !

Voilà qui est préférable à l'idée religieuse, à l'idée de Dieu !

Paris
IMPRIMERIE L. & A. CRESSON FRÈRES
5, rue Chapon

1895

Documents manquants (pages, cahiers...)
NF Z 43-120-13